Le monde merveilleux des animaux en photos

LES REQUINS

Le monde merveilleux des animaux en photos

LES REQUINS

Piccolia

5, rue d'Alembert
91240 Saint-Michel-sur-Orge
Dépôt légal : 2e trimestre 2012
Loi n°49-956 du 16 juillet 1949 sur les publications destinées à la jeunesse.
Imprimé en Malaisie.

Le requin est un poisson que l'on trouve dans tous les océans du monde, bien qu'il préfère les milieux chauds.

Il en existe environ 400 espèces de toute taille, mais la plupart ne mesurent pas plus de 1 mètre.

Avec ses 15 à 20 cm, le plus petit est le requin pygmée. Long de 15 m, le requin-baleine est non seulement le plus grand des requins, mais aussi le plus grand de tous les poissons ! Et c'est aussi le plus inoffensif de tous car il se nourrit de plancton (minuscules végétaux et animaux), de krill et de petits poissons.

Le squelette du requin n'est pas fait d'arêtes mais de cartilage. Il forme avec les raies et les chimères un groupe à part : les poissons cartilagineux appelés les chondrichtyens.

Le requin a de fines nageoires pointues sur le dos (dorsales), les côtés (pectorales) et la queue (caudale). Parfois, sa nageoire dorsale dépasse de la surface !

Pour se propulser, il utilise sa nageoire caudale qu'il bouge d'un côté à l'autre. Les autres nageoires lui servent à se diriger et à se maintenir en équilibre dans l'eau.

En vitesse de pointe, certaines espèces – dont le requin mako – peuvent dépasser les 50 km/h. Ici, ce grand requin blanc est capable de s'élancer à la surface de l'eau pour attraper une proie (otarie, oiseau marin...). Ainsi, il la percute la gueule ouverte, la saisit en retombant puis l'entraîne vers le fond.

Comme tout poisson, le requin respire grâce à des ouvertures qu'il a sur les côtés : les branchies. Elles « filtrent » l'oxygène de l'eau qui lui est nécessaire pour vivre.

En fonction du lieu
où elle habite, chaque
espèce a un mode
d'alimentation qui lui
est propre. Mais, bon
nombre de requins
sont des prédateurs :
pour se nourrir,
ils attaquent d'autres
animaux (poissons,
dauphins, calmars,
phoques...).
Ici, ce requin fonce
dans un banc de
petits poissons et
attrape tous ceux
qui sont près
de sa gueule !

Près du museau, le requin a des organes très sensibles aux ondes électriques produites par le mouvement des proies, lui permettant de les repérer... même dans le noir !

Le requin a la réputation d'avoir une mauvaise vue. Or, il n'en est rien : il ne voit pas les couleurs mais repère très bien les mouvements de ses proies !

Le requin possède des dents adaptées
à la chasse : elles lui permettent d'arracher
les bouts de chair de ses proies.

Ses dents tombent et sont tout le temps renouvelées. Chaque fois que l'une d'elle est cassée ou usée, une autre la remplace !

Les mâchoires du requin s'ouvrent si grandes qu'il peut arracher d'énormes morceaux. Ses dents ne sont pas adaptées à mâcher… donc il avale tout rond. Ici, ces requins chassent en groupe et se jettent ensemble sur une proie avec beaucoup de violence : on appelle cela la frénésie alimentaire.

Le grand requin blanc peut sentir une goutte de sang d'une proie blessée diluée dans des millions de litres d'eau !

Long de 15 mètres et d'un poids de 18 tonnes, le requin-baleine est le plus grand de tous les requins mais aussi de tous les poissons ! C'est un animal pacifique qui nage lentement dans les océans la bouche grande ouverte, capturant des minuscules algues et animaux, appelés le plancton. Le requin-baleine peut en absorber une tonne par jour. Il se nourrit aussi de petits crustacés et poissons.

Les requins sont
de couleurs
très différentes :
certains sont d'une
teinte uniforme
ou portent
des marques
ou des taches.

Le requin-marteau
a vraiment un
drôle d'aspect :
il a les yeux et les
narines au bout
de ses larges
extrémités !

Certains requins
se nourrissent
sur le fond marin.
Ils détectent la
nourriture en
fouillant le sable
avec leurs
« moustaches »,
appelées des
barbillons.

De nombreux requins habitent les récifs de coraux, où de nombreuses proies se cachent.

Nageant sans
cesse à la
recherche de
nourriture, ces
requins espèrent
trouver leur
déjeuner dans
les épaves de
bateaux !

Hormis les organes sensibles aux ondes électriques qu'émettent ses proies, le requin a un excellent odorat : il peut chasser dans les eaux sombres des profondeurs !

Les requins habitant les eaux profondes ont souvent le dos sombre qui les rend moins visibles de la surface de l'eau, et un ventre clair plus difficile à voir du dessous !

Les requins vivant près du fond marin ont souvent des taches sur la peau, leur permettant de mieux se confondre avec le sable ou les rochers.

Les rémoras sont
de petits poissons
qui, grâce
à une ventouse,
s'accrochent
aux requins.

De la même classe que les requins, les poissons-scies et les raies n'ont pas du tout leur apparence, ni le même mode de vie d'ailleurs !

Certaines espèces pondent leurs œufs directement dans l'eau : entouré d'une coque protectrice solide, le petit se développe à l'intérieur.

Des plongeurs expérimentés
s'approchent des requins pour
les photographier et les étudier.

Lorsqu'il s'agit d'espèces dangereuses pour l'homme, les scientifiques plongent dans une cage. Ainsi, même en cas d'attaque, les requins ne peuvent pas les atteindre. Cet espace sécurisé permet de prendre des images exceptionnelles et d'étudier le comportement des requins que nous ne pouvons pas approcher.

Le grand requin blanc a toujours fasciné l'homme pour sa dangerosité. Longues de 7,5 cm, ses dents triangulaires sont tranchantes comme des rasoirs, idéales pour les montrer dans des films d'horreur ! En effet, les attaques de requins sur l'homme sont un bon sujet pour faire peur… même si en réalité, cela se produit rarement.

Les aquariums abritent de nombreuses espèces de requins que l'on peut observer en toute sécurité !

Le grand requin blanc

Mesurant 6 m de long, ce redoutable prédateur est capable de détecter une proie à de grandes distances. Très rapide et équipé de dents tranchantes, il ne lui laisse aucune chance !

Le requin-baleine

Avec ses 15 m de long, c'est le plus grand de tous les poissons du monde. Il se déplace, la bouche tout le temps ouverte, pour capturer sa nourriture – de minuscules végétaux et animaux.

Le requin-taureau

Il a des dents impressionnantes, pointues et irrégulières, lui donnant un air très agressif. Pourtant, il ne l'est pas, à moins bien sûr de le provoquer. Il se nourrit essentiellement de poissons et de seiches.

Le requin à pointes noires

Répandu dans les récifs coralliens, il doit son nom aux taches noires qu'il a au bout des nageoires. Mesurant environ 1,50 m de long, ce requin est peu visible la journée car il se repose caché dans les coraux.

Le requin-tapis tacheté

Pouvant mesurer plus de 3 m de long, voici un requin qui porte bien son nom : de forme plate, il passe la majorité de son temps couché sur le fond marin !

Le requin chabot ocellé

Habitant les récifs coralliens d'Australie et de Nouvelle-Guinée, il est très facile à reconnaître : il a une grande tache ronde noire de chaque côté du corps. Il fouille les fonds marins à la recherche de vers et de crevettes.

Le requin-marteau halicorne

Comme tous les requins-marteaux, il a une tête aplatie en forme de T, où les yeux et les narines se trouvent à chaque extrémité. Il mange entre autres des poissons et même des requins de son espèce !

Le requin-chat

Les requins-chats regroupent 150 espèces de requins, dont fait partie la roussette. Ces poissons, qui n'excèdent pas 1,50 m de long, vivent sur le sable des fonds marins.

Le virli léopard

Long de 1,80 m, ce requin craintif est très grégaire, c'est-à-dire qu'il ne vit qu'en groupe – d'au moins 10 individus. Il habite près de la côte ouest de l'Amérique du Nord.

Le requin nourrice

Il est aussi appelé requin dormeur car il se repose toute la journée sur le fond marin. Actif la nuit, il débusque les crevettes du sable grâce à ses deux petits filaments de chair (barbillons) situés près de la bouche.

L'ange de mer

Ce requin plat a une couleur de peau qui lui permet de se camoufler dans le sable. À l'affût, il attend qu'une proie passe près de lui et lui saute dessus. La victime n'a pas le temps de réaliser ce qu'il lui arrive !

Les œufs de requin

Certaines espèces pondent des œufs en forme de capsules. Ils s'accrochent à la végétation ou aux rochers grâce à des filaments en vrille, leur permettant de ne pas être entraînés par le courant.

Remerciements :

Pour l'élaboration de cet ouvrage, nous tenions à remercier Nathalie Coët, Tom Jackson, Ellen Dupont et Nick Avery.

Crédits photographiques :

Légende : h = haut ; b = bas ; COR = Corbis ; DT = Dreamstime ; iSP = iStockphoto ; P = Photolibrary ; SST = Shutterstock

Couverture COR, 2 iSP, 5 iSP, 6 SST, 8h,b SST, 9 SST, 10 SST, 11 DT, 12 iSP, 14h DT, b SST, 15 SST, 16 iSP, 18 SST, 19 DT, 20 SST, 21h DT, b SST, 22 DT, 23 SST, 24 SST, 25 SST, 26 SST, 28h COR, b iSP, 29 COR, 30 iSP, 32h DT, b SST, 33 SST, 34 iSP, 35h iSP, b SST, 36h SST, b iSP, 37 DT, 38 SST, 39h DT, b SST, 40h, b SST, 41 SST, 42 DT, 43h,b SST, 44 SST, 45 SST, 46h SST, b DT, 47 SST, 48h SST b DT, 49 SST, 50 DT, 51h SST, b DT, 52 SST, 53 iSP, 54 SST, 55 SST, 56 COR, 58 COR, 60 iSP, 61h,b DT, 64 SST.